This journal belongs to:

" Some days, doing 'the best we can' may still fall short of what we would like to be able to do, but life isn't perfect—on any front—and doing what we can with what we have is the most we should expect of ourselves or anyone else. "

—Fred Rogers,

The World According to Mister Rogers

Fred Rogers touched the hearts and minds of children across the country through his beloved television show, *Mister Rogers' Neighborhood*. To this day, he is remembered for his wisdom and gentleness. Every episode of the program started the same way: "It's a beautiful day in this neighborhood." But most of us know: Not every day is a beautiful one. Some days are challenging. Some days give us storms. Mister Rogers helped neighbors of all ages recognize the value of each day, and he encouraged us to nurture the possibilities that help us to experience many beautiful days.

Mister Rogers recognized and accepted the multitude of feelings—good and bad—that run through all of us every day, as we experience those feelings and release them in a way that isn't harmful to others. It's the recognition that your core self is not devalued in any way by negative feelings like anger, depression, or loneliness. Those feelings are part of being human.

Positivity is about loving yourself, your neighbor, and the world through the ups, downs, and in-betweens: the everyday mundanities, great joys, terrible tragedies, small delights, and petty frustrations. In this journal, you will use the wisdom of Mister Rogers to craft a daily positivity practice—one that will help you cultivate love, safely process negativity, and approach each day with the intention of spreading kindness and light.

Each daily entry in this journal starts by having you fill in the line "It's a _____ day in the neighborhood." It is important to be honest here. You will do yourself no favors by pretending everything's fine if everything's actually crummy. Following that, you will elaborate on your day by exploring what you're looking forward to and what you're struggling with, and end by recording acts of kindness you can take toward yourself and others. These actions can be small, like holding a door open for a colleague or complimenting a stranger's sweater, or bigger, like volunteering in your local soup kitchen.

It is important to remember that people are working through their story every day. Sometimes our stories give us more than we think we can handle and cause us to lash out at others. Practicing love, kindness, and generosity on a daily basis is the best way to fight those instincts and cultivate a positive outlook on the world. If we can do that, then every day has the potential to be a beautiful day.

DATE __/__/__

It's a _____ *day in the neighborhood.*

Today, I am looking forward to:

+ _____

+ _____

+ _____

Today, I am struggling with:

+ _____

+ _____

+ _____

Acts of kindness
toward myself:

+ _____

_____

_____

Acts of kindness
toward others:

+ _____

_____

_____

DATE __/__/__

It's a _____ *day in the neighborhood.*

Today, I am looking forward to:

+ _____
+ _____
+ _____

Today, I am struggling with:

+ _____
+ _____
+ _____

Acts of kindness
toward myself:

+ _____

_____

_____

_____

Acts of kindness
toward others:

+ _____

_____

_____

_____

DATE __/__/__

It's a _____ *day in the neighborhood.*

Today, I am looking forward to:

+ _____ _____
+ _____
+ _____

Today, I am struggling with:

+ _____
+ _____
+ _____

Acts of kindness
toward myself:

+ _____

_____

_____

_____

Acts of kindness
toward others:

+ _____

_____

_____

_____

It's a _____ *day in the neighborhood.*

Today, I am looking forward to:

+ _____

+ _____

+ _____

Today, I am struggling with:

+ _____

+ _____

+ _____

Acts of kindness
toward myself:

+ _____

   _____

   _____

   _____

Acts of kindness
toward others:

+ _____

   _____

   _____

   _____

DATE __/__/__

It's a _____ *day in the neighborhood.*

Today, I am looking forward to:

+ _____
+ _____
+ _____

Today, I am struggling with:

+ _____
+ _____
+ _____

Acts of kindness
toward myself:

+ _____

_____

_____

_____

Acts of kindness
toward others:

+ _____

_____

_____

_____

DATE __/__/__

It's a _____ *day in the neighborhood.*

Today, I am looking forward to:

+ _____

+ _____

+ _____

Today, I am struggling with:

+ _____

+ _____

+ _____

Acts of kindness
toward myself:

+ _____

_____

_____

_____

Acts of kindness
toward others:

+ _____

_____

_____

_____

DATE __ / __ / __

It's a _____ *day in the neighborhood.*

Today, I am looking forward to:

+ _____
+ _____
+ _____

Today, I am struggling with:

+ _____
+ _____
+ _____

Acts of kindness
toward myself:

+ _____

_____

_____

_____

Acts of kindness
toward others:

+ _____

_____

_____

_____

DATE __ / __ / __

It's a _____ *day in the neighborhood.*

Today, I am looking forward to:

+ _____
+ _____
+ _____

Today, I am struggling with:

+ _____
+ _____
+ _____

Acts of kindness
toward myself:

+ _____

_____

_____

_____

Acts of kindness
toward others:

+ _____

_____

_____

_____

DATE __ /__ /__

It's a _____ *day in the neighborhood.*

Today, I am looking forward to:

+ _____
+ _____
+ _____

Today, I am struggling with:

+ _____
+ _____
+ _____

Acts of kindness
toward myself:

+ _____

_____

_____

Acts of kindness
toward others:

+ _____

_____

_____

"Who you are inside is what helps you make and do everything in life."

It's a _____ *day in the neighborhood.*

Today, I am looking forward to:

+ _____

+ _____

+ _____

Today, I am struggling with:

+ _____

+ _____

+ _____

Acts of kindness
toward myself:

+ _____

_____

_____

_____

Acts of kindness
toward others:

+ _____

_____

_____

_____

DATE __/__/__

It's a _____ *day in the neighborhood.*

Today, I am looking forward to:

+ _____ _____

+ _____

+ _____

Today, I am struggling with:

+ _____

+ _____

+ _____

Acts of kindness
toward myself:

+ _____

_____

_____

_____

Acts of kindness
toward others:

+ _____

_____

_____

_____

DATE __ / __ / __

It's a _____ *day in the neighborhood.*

Today, I am looking forward to:

✦ _____

✦ _____

✦ _____

Today, I am struggling with:

✦ _____

✦ _____

✦ _____

Acts of kindness
toward myself:

✦ _____

_____

_____

_____

Acts of kindness
toward others:

✦ _____

_____

_____

_____

DATE __ /__ /__

It's a _____ *day in the neighborhood.*

Today, I am looking forward to:

+ _____
+ _____
+ _____

Today, I am struggling with:

+ _____
+ _____
+ _____

Acts of kindness
toward myself:

+ _____
_____
_____

Acts of kindness
toward others:

+ _____
_____
_____

DATE __/__/__

It's a _____ *day in the neighborhood.*

Today, I am looking forward to:

+ _____
+ _____
+ _____

Today, I am struggling with:

+ _____
+ _____
+ _____

Acts of kindness
toward myself:

+ _____

_____

_____

_____

Acts of kindness
toward others:

+ _____

_____

_____

_____

DATE __ / __ / __

It's a _____ *day in the neighborhood.*

Today, I am looking forward to:

✦ _____

✦ _____

✦ _____

Today, I am struggling with:

✦ _____

✦ _____

✦ _____

Acts of kindness
toward myself:

✦ _____

_____

_____

_____

Acts of kindness
toward others:

✦ _____

_____

_____

_____

DATE __/__/__

It's a _____ *day in the neighborhood.*

Today, I am looking forward to:

+ _____
+ _____
+ _____

Today, I am struggling with:

+ _____
+ _____
+ _____

Acts of kindness
toward myself:

+ _____

_____

_____

Acts of kindness
toward others:

+ _____

_____

_____

DATE __/__/__

It's a _____ *day in the neighborhood.*

Today, I am looking forward to:

+ _____

+ _____

+ _____

Today, I am struggling with:

+ _____

+ _____

+ _____

Acts of kindness
toward myself:

+ _____

_____

_____

_____

Acts of kindness
toward others:

+ _____

_____

_____

_____

DATE __ / __ / __

It's a _____ *day in the neighborhood.*

Today, I am looking forward to:

+ _____
+ _____
+ _____

Today, I am struggling with:

+ _____
+ _____
+ _____

Acts of kindness
toward myself:

+ _____

_____

_____

Acts of kindness
toward others:

+ _____

_____

_____

DATE __ / __ / __

It's a _____ *day in the neighborhood.*

Today, I am looking forward to:

+ _____
+ _____
+ _____

Today, I am struggling with:

+ _____
+ _____
+ _____

Acts of kindness
toward myself:

+ _____

_____

_____

Acts of kindness
toward others:

+ _____

_____

_____

It's a _____ *day in the neighborhood.*

Today, I am looking forward to:

+ _____
+ _____
+ _____

Today, I am struggling with:

+ _____
+ _____
+ _____

Acts of kindness
toward myself:

+ _____

_____

_____

Acts of kindness
toward others:

+ _____

_____

_____

"All our lives, we rework the things from our childhood, like feeling good about ourselves, managing our angry feelings, being able to say goodbye to people we love."

DATE __ /__ /__

It's a _____ *day in the neighborhood.*

Today, I am looking forward to:

+ _____
+ _____
+ _____

Today, I am struggling with:

+ _____
+ _____
+ _____

Acts of kindness
toward myself:

+ _____

_____

_____

Acts of kindness
toward others:

+ _____

_____

_____

DATE __ / __ / __

It's a _____ *day in the neighborhood.*

Today, I am looking forward to:

+ _____
+ _____
+ _____

Today, I am struggling with:

+ _____
+ _____
+ _____

Acts of kindness
toward myself:

+ _____
  _____
  _____
  _____

Acts of kindness
toward others:

+ _____
  _____
  _____
  _____

It's a _____ *day in the neighborhood.*

Today, I am looking forward to:

+ _____ _____
+ _____
+ _____

Today, I am struggling with:

+ _____
+ _____
+ _____

Acts of kindness
toward myself:

+ _____

_____

_____

Acts of kindness
toward others:

+ _____

_____

_____

DATE __/__/__

It's a _____ *day in the neighborhood.*

Today, I am looking forward to:

+ _____
+ _____
+ _____

Today, I am struggling with:

+ _____
+ _____
+ _____

Acts of kindness
toward myself:

+ _____

_____

_____

_____

Acts of kindness
toward others:

+ _____

_____

_____

_____

It's a _____ *day in the neighborhood.*

Today, I am looking forward to:

+ _____
+ _____
+ _____

Today, I am struggling with:

+ _____
+ _____
+ _____

Acts of kindness
toward myself:

+ _____

_____

_____

Acts of kindness
toward others:

+ _____

_____

_____

DATE __ / __ / __

It's a _____ *day in the neighborhood.*

Today, I am looking forward to:

+ _____
+ _____
+ _____

Today, I am struggling with:

+ _____
+ _____
+ _____

Acts of kindness
toward myself:

+ _____
  _____
  _____
  _____

Acts of kindness
toward others:

+ _____
  _____
  _____
  _____

It's a _____ *day in the neighborhood.*

Today, I am looking forward to:

✦ _____

✦ _____

✦ _____

Today, I am struggling with:

✦ _____

✦ _____

✦ _____

Acts of kindness
toward myself:

✦ _____

_____

_____

_____

Acts of kindness
toward others:

✦ _____

_____

_____

_____

DATE __/__/__

It's a _____ *day in the neighborhood.*

Today, I am looking forward to:

+ _____
+ _____
+ _____

Today, I am struggling with:

+ _____
+ _____
+ _____

Acts of kindness
toward myself:

+ _____
_____
_____
_____

Acts of kindness
toward others:

+ _____
_____
_____
_____

It's a _____ *day in the neighborhood.*

Today, I am looking forward to:

+ _____ _____
+ _____
+ _____

Today, I am struggling with:

+ _____
+ _____
+ _____

Acts of kindness
toward myself:

+ _____
  _____
  _____
  _____

Acts of kindness
toward others:

+ _____
  _____
  _____
  _____

DATE __ / __ / __

It's a _____ *day in the neighborhood.*

Today, I am looking forward to:

+ _____
+ _____
+ _____

Today, I am struggling with:

+ _____
+ _____
+ _____

Acts of kindness
toward myself:

+ _____

_____

_____

Acts of kindness
toward others:

+ _____

_____

_____

"Little by little we human beings are con-
fronted with situations that give us more
and more clues that we aren't perfect."

It's a _____ *day in the neighborhood.*

Today, I am looking forward to:

+ _____   _____
+ _____
+ _____

Today, I am struggling with:

+ _____
+ _____
+ _____

Acts of kindness
toward myself:

Acts of kindness
toward others:

+ _____   + _____
_____   _____
_____   _____
_____   _____

DATE __/__/__

It's a _____ day in the neighborhood.

Today, I am looking forward to:

✦ _____

✦ _____

✦ _____

Today, I am struggling with:

✦ _____

✦ _____

✦ _____

Acts of kindness
toward myself:

✦ _____

_____

_____

Acts of kindness
toward others:

✦ _____

_____

_____

DATE __ / __ / __

It's a _____ *day in the neighborhood.*

Today, I am looking forward to:

+ _____
+ _____
+ _____

Today, I am struggling with:

+ _____
+ _____
+ _____

Acts of kindness
toward myself:

+ _____

_____

_____

Acts of kindness
toward others:

+ _____

_____

_____

It's a _____ *day in the neighborhood.*

Today, I am looking forward to:

✦ _____

✦ _____

✦ _____

Today, I am struggling with:

✦ _____

✦ _____

✦ _____

Acts of kindness
toward myself:

✦ _____

_____

_____

Acts of kindness
toward others:

✦ _____

_____

_____

It's a _____ *day in the neighborhood.*

Today, I am looking forward to:

+ _____
+ _____
+ _____

Today, I am struggling with:

+ _____
+ _____
+ _____

Acts of kindness
toward myself:

+ _____

_____

_____

Acts of kindness
toward others:

+ _____

_____

_____

DATE __ / __ / __

It's a _____ *day in the neighborhood.*

Today, I am looking forward to:

+ _____
+ _____
+ _____

Today, I am struggling with:

+ _____
+ _____
+ _____

Acts of kindness
toward myself:

+ _____

_____

_____

_____

Acts of kindness
toward others:

+ _____

_____

_____

_____

DATE __/__/__

It's a _____ *day in the neighborhood.*

Today, I am looking forward to:

+ _____

+ _____

+ _____

Today, I am struggling with:

+ _____

+ _____

+ _____

Acts of kindness
toward myself:

+ _____

_____

_____

_____

Acts of kindness
toward others:

+ _____

_____

_____

_____

It's a _____ *day in the neighborhood.*

Today, I am looking forward to:

+ _____
+ _____
+ _____

Today, I am struggling with:

+ _____
+ _____
+ _____

Acts of kindness
toward myself:

+ _____
_____
_____
_____

Acts of kindness
toward others:

+ _____
_____
_____
_____

DATE __/__/__

It's a _____ day in the neighborhood.

Today, I am looking forward to:

+ _____
+ _____
+ _____

Today, I am struggling with:

+ _____
+ _____
+ _____

Acts of kindness
toward myself:

+ _____

_____

_____

Acts of kindness
toward others:

+ _____

_____

_____

DATE __/__/__

It's a _____ *day in the neighborhood.*

Today, I am looking forward to:

+ _____
+ _____
+ _____

Today, I am struggling with:

+ _____
+ _____
+ _____

Acts of kindness
toward myself:

+ _____
_____
_____
_____

Acts of kindness
toward others:

+ _____
_____
_____
_____

*"Love isn't a state of perfect caring. It is an active noun like struggle.
To love someone is to strive to accept that person exactly the way he or she
is, right here and now."*

DATE __/__/__

It's a _____ *day in the neighborhood.*

Today, I am looking forward to:

+ _____
+ _____
+ _____

Today, I am struggling with:

+ _____
+ _____
+ _____

Acts of kindness
toward myself:

+ _____

_____

_____

Acts of kindness
toward others:

+ _____

_____

_____

It's a _____ *day in the neighborhood.*

Today, I am looking forward to:

✦ _____

✦ _____

✦ _____

Today, I am struggling with:

✦ _____

✦ _____

✦ _____

Acts of kindness
toward myself:

✦ _____

_____

_____

_____

Acts of kindness
toward others:

✦ _____

_____

_____

_____

DATE __/__/__

It's a _____ *day in the neighborhood.*

Today, I am looking forward to:

+ _____
+ _____
+ _____

Today, I am struggling with:

+ _____
+ _____
+ _____

Acts of kindness
toward myself:

+ _____

_____

_____

Acts of kindness
toward others:

+ _____

_____

_____

It's a _____ *day in the neighborhood.*

Today, I am looking forward to:

+ _____

+ _____

+ _____

Today, I am struggling with:

+ _____

+ _____

+ _____

Acts of kindness
toward myself:

+ _____

_____

_____

Acts of kindness
toward others:

+ _____

_____

_____

DATE __/__/__

It's a _____ *day in the neighborhood.*

Today, I am looking forward to:

+ _____
+ _____
+ _____

Today, I am struggling with:

+ _____
+ _____
+ _____

Acts of kindness
toward myself:

+ _____

_____

_____

_____

Acts of kindness
toward others:

+ _____

_____

_____

_____

It's a _____ *day in the neighborhood.*

Today, I am looking forward to:

+ _____
+ _____
+ _____

Today, I am struggling with:

+ _____
+ _____
+ _____

Acts of kindness
toward myself:

+ _____

_____

_____

_____

Acts of kindness
toward others:

+ _____

_____

_____

_____

It's a _____ *day in the neighborhood.*

Today, I am looking forward to:

+ _____
+ _____
+ _____

Today, I am struggling with:

+ _____
+ _____
+ _____

Acts of kindness
toward myself:

+ _____

_____

_____

_____

Acts of kindness
toward others:

+ _____

_____

_____

_____

DATE __/__/__

It's a _____ day in the neighborhood.

Today, I am looking forward to:

+ _____

+ _____

+ _____

Today, I am struggling with:

+ _____

+ _____

+ _____

Acts of kindness
toward myself:

+ _____

_____

_____

_____

Acts of kindness
toward others:

+ _____

_____

_____

_____

DATE __ / __ / __

It's a _____ *day in the neighborhood.*

Today, I am looking forward to:

+ _____
+ _____
+ _____

Today, I am struggling with:

+ _____
+ _____
+ _____

Acts of kindness
toward myself:

+ _____

_____

_____

Acts of kindness
toward others:

+ _____

_____

_____

DATE __/__/__

It's a _____ *day in the neighborhood.*

Today, I am looking forward to:

+ _____
+ _____
+ _____

Today, I am struggling with:

+ _____
+ _____
+ _____

Acts of kindness
toward myself:

+ _____

_____

_____

Acts of kindness
toward others:

+ _____

_____

_____

People have said, 'Don't cry' to other people for years and years, and all it has ever meant is, 'I'm too uncomfortable when you show your feelings. Don't cry.' I'd rather have them say, 'Go ahead and cry. I'm here to be with you.'

DATE __/__/__

It's a _____ day in the neighborhood.

Today, I am looking forward to:

+ _____
+ _____
+ _____

Today, I am struggling with:

+ _____
+ _____
+ _____

Acts of kindness
toward myself:

+ _____

_____

_____

Acts of kindness
toward others:

+ _____

_____

_____

DATE __ /__ /__

It's a _____ day in the neighborhood.

Today, I am looking forward to:

+ _____
+ _____
+ _____

Today, I am struggling with:

+ _____
+ _____
+ _____

Acts of kindness
toward myself:

+ _____

_____

_____

_____

Acts of kindness
toward others:

+ _____

_____

_____

_____

DATE __/__/__

It's a _____ *day in the neighborhood.*

Today, I am looking forward to:

+ _____

+ _____

+ _____

Today, I am struggling with:

+ _____

+ _____

+ _____

Acts of kindness
toward myself:

+ _____

_____

_____

_____

Acts of kindness
toward others:

+ _____

_____

_____

_____

DATE __/__/__

It's a _____ *day in the neighborhood.*

Today, I am looking forward to:

✦ _____

✦ _____

✦ _____

Today, I am struggling with:

✦ _____

✦ _____

✦ _____

Acts of kindness
toward myself:

✦ _____

_____

_____

_____

Acts of kindness
toward others:

✦ _____

_____

_____

_____

It's a _____ *day in the neighborhood.*

Today, I am looking forward to:

+ _____
+ _____
+ _____

Today, I am struggling with:

+ _____
+ _____
+ _____

Acts of kindness
toward myself:

+ _____

_____

_____

_____

Acts of kindness
toward others:

+ _____

_____

_____

_____

DATE __ / __ / __

It's a _____ *day in the neighborhood.*

Today, I am looking forward to:

+ _____
+ _____
+ _____

Today, I am struggling with:

+ _____
+ _____
+ _____

Acts of kindness   Acts of kindness
toward myself: toward others:

+ _____   + _____

_____   _____

_____   _____

_____   _____

DATE __/__/__

It's a _____ *day in the neighborhood.*

Today, I am looking forward to:

+ _____
+ _____
+ _____

Today, I am struggling with:

+ _____
+ _____
+ _____

Acts of kindness
toward myself:

+ _____

_____

_____

_____

Acts of kindness
toward others:

+ _____

_____

_____

_____

DATE __/__/__

It's a _____ day in the neighborhood.

Today, I am looking forward to:

+ _____
+ _____
+ _____

Today, I am struggling with:

+ _____
+ _____
+ _____

Acts of kindness
toward myself:

+ _____

_____

_____

Acts of kindness
toward others:

+ _____

_____

_____

It's a _____ *day in the neighborhood.*

Today, I am looking forward to:

+ _____
+ _____
+ _____

Today, I am struggling with:

+ _____
+ _____
+ _____

Acts of kindness toward myself:	Acts of kindness toward others:
+ _____	+ _____
_____	_____
_____	_____
_____	_____

DATE __ /__ /__

It's a _____ *day in the neighborhood.*

Today, I am looking forward to:

+ _____

+ _____

+ _____

Today, I am struggling with:

+ _____

+ _____

+ _____

Acts of kindness
toward myself:

+ _____

_____

_____

Acts of kindness
toward others:

+ _____

_____

_____

One of the strongest things we have to wrestle with in our lives is the significance of the longing for perfection in ourselves and in the people bound to us by friendship or parenthood or childhood.

DATE __/__/__

It's a _____ *day in the neighborhood.*

Today, I am looking forward to:

+ _____
+ _____
+ _____

Today, I am struggling with:

+ _____
+ _____
+ _____

Acts of kindness
toward myself:

+ _____

_____

_____

_____

Acts of kindness
toward others:

+ _____

_____

_____

_____

DATE __ / __ / __

It's a _____ *day in the neighborhood.*

Today, I am looking forward to:

✦ _____

✦ _____

✦ _____

Today, I am struggling with:

✦ _____

✦ _____

✦ _____

Acts of kindness
toward myself:

✦ _____

_____

_____

_____

Acts of kindness
toward others:

✦ _____

_____

_____

_____

It's a _____ *day in the neighborhood.*

Today, I am looking forward to:

✦ _____

✦ _____

✦ _____

Today, I am struggling with:

✦ _____

✦ _____

✦ _____

Acts of kindness
toward myself:

✦ _____

_____

_____

_____

Acts of kindness
toward others:

✦ _____

_____

_____

_____

DATE __ / __ / __

It's a _____ *day in the neighborhood.*

Today, I am looking forward to:

✦ _____

✦ _____

✦ _____

Today, I am struggling with:

✦ _____

✦ _____

✦ _____

Acts of kindness
toward myself:

✦ _____

_____

_____

Acts of kindness
toward others:

✦ _____

_____

_____

DATE __/__/__

It's a _____ *day in the neighborhood.*

Today, I am looking forward to:

+ _____
+ _____
+ _____

Today, I am struggling with:

+ _____
+ _____
+ _____

Acts of kindness
toward myself:

+ _____

_____

_____

_____

Acts of kindness
toward others:

+ _____

_____

_____

_____

DATE __/__/__

It's a _____ *day in the neighborhood.*

Today, I am looking forward to:

✦ _____

✦ _____

✦ _____

Today, I am struggling with:

✦ _____

✦ _____

✦ _____

Acts of kindness
toward myself:

✦ _____

_____

_____

_____

Acts of kindness
toward others:

✦ _____

_____

_____

_____

DATE __/__/__

It's a _____ *day in the neighborhood.*

Today, I am looking forward to:

+ _____
+ _____
+ _____

Today, I am struggling with:

+ _____
+ _____
+ _____

Acts of kindness
toward myself:

+ _____

_____

_____

Acts of kindness
toward others:

+ _____

_____

_____

DATE __/__/__

It's a _____ *day in the neighborhood.*

Today, I am looking forward to:

+ _____
+ _____
+ _____

Today, I am struggling with:

+ _____
+ _____
+ _____

Acts of kindness
toward myself:

+ _____
_____
_____
_____

Acts of kindness
toward others:

+ _____
_____
_____
_____

DATE __/__/__

It's a _____ *day in the neighborhood.*

Today, I am looking forward to:

+ _____
+ _____
+ _____

Today, I am struggling with:

+ _____
+ _____
+ _____

Acts of kindness
toward myself:

+ _____

_____

_____

Acts of kindness
toward others:

+ _____

_____

_____

DATE __/__/__

It's a _____ *day in the neighborhood.*

Today, I am looking forward to:

+ _____
+ _____
+ _____

Today, I am struggling with:

+ _____
+ _____
+ _____

Acts of kindness
toward myself:

+ _____

_____

_____

_____

Acts of kindness
toward others:

+ _____

_____

_____

_____

DATE __/__/__

It's a _____ *day in the neighborhood.*

Today, I am looking forward to:

+ _____
+ _____
+ _____

Today, I am struggling with:

+ _____
+ _____
+ _____

Acts of kindness
toward myself:

+ _____

_____

_____

_____

Acts of kindness
toward others:

+ _____

_____

_____

_____

DATE __ / __ / __

It's a _____ *day in the neighborhood.*

Today, I am looking forward to:

+ _____
+ _____
+ _____

Today, I am struggling with:

+ _____
+ _____
+ _____

Acts of kindness
toward myself:

+ _____

_____

_____

_____

Acts of kindness
toward others:

+ _____

_____

_____

_____

It's a _____ *day in the neighborhood.*

Today, I am looking forward to:

+ _____
+ _____
+ _____

Today, I am struggling with:

+ _____
+ _____
+ _____

Acts of kindness
toward myself:

+ _____

_____

_____

_____

Acts of kindness
toward others:

+ _____

_____

_____

_____

DATE __ /__ /__

It's a _____ *day in the neighborhood.*

Today, I am looking forward to:

+ _____

+ _____

+ _____

Today, I am struggling with:

+ _____

+ _____

+ _____

Acts of kindness
toward myself:

+ _____

_____

_____

_____

Acts of kindness
toward others:

+ _____

_____

_____

_____

DATE __/__/__

It's a _____ *day in the neighborhood.*

Today, I am looking forward to:

+ _____ _____
+ _____
+ _____

Today, I am struggling with:

+ _____
+ _____
+ _____

Acts of kindness
toward myself:

+ _____

_____

_____

_____

Acts of kindness
toward others:

+ _____

_____

_____

_____

DATE __ / __ / __

It's a _____ *day in the neighborhood.*

Today, I am looking forward to:

✦ _____

✦ _____

✦ _____

Today, I am struggling with:

✦ _____

✦ _____

✦ _____

Acts of kindness
toward myself:

✦ _____

_____

_____

Acts of kindness
·toward others:

✦ _____

_____

_____

DATE __/__/__

It's a _____ *day in the neighborhood.*

Today, I am looking forward to:

+ _____ _____
+ _____
+ _____

Today, I am struggling with:

+ _____
+ _____
+ _____

Acts of kindness
toward myself:

+ _____

_____

_____

_____

Acts of kindness
toward others:

+ _____

_____

_____

_____

It's a _____ *day in the neighborhood.*

Today, I am looking forward to:

+ _____
+ _____
+ _____

Today, I am struggling with:

+ _____
+ _____
+ _____

Acts of kindness
toward myself:

+ _____

_____

_____

_____

Acts of kindness
toward others:

+ _____

_____

_____

_____

It's a _____ *day in the neighborhood.*

Today, I am looking forward to:

+ ─────────────────────────────────   ───────────
+ ───
+ ───

Today, I am struggling with:

+ ───
+ ───
+ ───

Acts of kindness
toward myself:

+ ─────────────────────────────

─────────────────────────────

─────────────────────────────

─────────────────────────────

Acts of kindness
toward others:

+ ─────────────────────────────

─────────────────────────────

─────────────────────────────

─────────────────────────────

DATE __/__/__

It's a _____ *day in the neighborhood.*

Today, I am looking forward to:

+ _____
+ _____
+ _____

Today, I am struggling with:

+ _____
+ _____
+ _____

Acts of kindness
toward myself:

+ _____

_____

_____

Acts of kindness
toward others:

+ _____

_____

_____

What makes the difference between wishing and realizing our wishes? Lots of things, of course, but the main one, I think, is whether we link our wishes to our active work. It may take months or years, but it's far more likely to happen when we care so much that we'll work as hard as we can to make it happen.

It's a _____ *day in the neighborhood.*

Today, I am looking forward to:

+ _____

+ _____

+ _____

Today, I am struggling with:

+ _____

+ _____

+ _____

Acts of kindness
toward myself:

+ _____

_____

_____

_____

Acts of kindness
toward others:

+ _____

_____

_____

_____

DATE __/__/__

It's a _____ day in the neighborhood.

Today, I am looking forward to:

+ _____
+ _____
+ _____

Today, I am struggling with:

+ _____
+ _____
+ _____

Acts of kindness
toward myself:

+ _____
  _____
  _____

Acts of kindness
toward others:

+ _____
  _____
  _____

It's a _____ *day in the neighborhood.*

Today, I am looking forward to:

✦ ──────────────────── ────────────────────

✦ ──

✦ ──

Today, I am struggling with:

✦ ──

✦ ──

✦ ──

Acts of kindness
toward myself:

✦ ────────────────────────

────────────────────────

────────────────────────

────────────────────────

Acts of kindness
toward others:

✦ ────────────────────────

────────────────────────

────────────────────────

────────────────────────

DATE __ / __ / __

It's a _____ *day in the neighborhood.*

Today, I am looking forward to:

+ _____
+ _____
+ _____

Today, I am struggling with:

+ _____
+ _____
+ _____

Acts of kindness
toward myself:

Acts of kindness
toward others:

+ _____
_____
_____
_____

+ _____
_____
_____
_____

It's a _____ *day in the neighborhood.*

Today, I am looking forward to:

+ _____
+ _____
+ _____

Today, I am struggling with:

+ _____
+ _____
+ _____

Acts of kindness
toward myself:

+ _____

_____

_____

Acts of kindness
toward others:

+ _____

_____

_____

DATE __/__/__

It's a _____ *day in the neighborhood.*

Today, I am looking forward to:

✦ _____

✦ _____

✦ _____

Today, I am struggling with:

✦ _____

✦ _____

✦ _____

Acts of kindness
toward myself:

✦ _____

_____

_____

Acts of kindness
toward others:

✦ _____

_____

_____

DATE __/__/__

It's a _____ *day in the neighborhood.*

Today, I am looking forward to:

+ _____

+ _____

+ _____

Today, I am struggling with:

+ _____

+ _____

+ _____

Acts of kindness
toward myself:

+ _____

_____

_____

_____

Acts of kindness
toward others:

+ _____

_____

_____

_____

DATE __ /__ /__

It's a _____ *day in the neighborhood.*

Today, I am looking forward to:

✦ _____

✦ _____

✦ _____

Today, I am struggling with:

✦ _____

✦ _____

✦ _____

Acts of kindness
toward myself:

✦ _____

_____

_____

_____

Acts of kindness
toward others:

✦ _____

_____

_____

_____

It's a _____ day in the neighborhood.

Today, I am looking forward to:

+ _____ _____
+ _____
+ _____

Today, I am struggling with:

+ _____
+ _____
+ _____

Acts of kindness
toward myself:

+ _____

_____

_____

_____

Acts of kindness
toward others:

+ _____

_____

_____

_____

DATE __/__/__

It's a _____ *day in the neighborhood.*

Today, I am looking forward to:

✦ _____

✦ _____

✦ _____

Today, I am struggling with:

✦ _____

✦ _____

✦ _____

Acts of kindness   Acts of kindness
toward myself: toward others:

✦ _____   ✦ _____

_____   _____

_____   _____

_____   _____

*"There is no normal life that is free of pain.
It's the very wrestling with our problems
that can be the impetus for our growth."*

It's a _____ _____ *day in the neighborhood.*

Today, I am looking forward to:

✦ _____

✦ _____

✦ _____

Today, I am struggling with:

✦ _____

✦ _____

✦ _____

Acts of kindness
toward myself:

✦ _____

_____

_____

_____

Acts of kindness
toward others:

✦ _____

_____

_____

_____

DATE __ / __ / __

It's a _____ *day in the neighborhood.*

Today, I am looking forward to:

+ _____

+ _____

+ _____

Today, I am struggling with:

+ _____

+ _____

+ _____

Acts of kindness
toward myself:

Acts of kindness
toward others:

+ _____

+ _____

_____

_____

_____

_____

_____

_____

It's a _____ *day in the neighborhood.*

Today, I am looking forward to:

+ _____
+ _____
+ _____

Today, I am struggling with:

+ _____
+ _____
+ _____

Acts of kindness
toward myself:

+ _____

_____

_____

Acts of kindness
toward others:

+ _____

_____

_____

DATE __/__/__

It's a _____ *day in the neighborhood.*

Today, I am looking forward to:

+ _____
+ _____
+ _____

Today, I am struggling with:

+ _____
+ _____
+ _____

Acts of kindness
toward myself:

+ _____
  _____
  _____
  _____

Acts of kindness
toward others:

+ _____
  _____
  _____
  _____

DATE __ / __ / __

It's a _____ *day in the neighborhood.*

Today, I am looking forward to:

+ _____
+ _____
+ _____

Today, I am struggling with:

+ _____
+ _____
+ _____

Acts of kindness
toward myself:

+ _____

_____

_____

_____

Acts of kindness
toward others:

+ _____

_____

_____

_____

DATE __/__/__

It's a _____ *day in the neighborhood.*

Today, I am looking forward to:

+ _____

+ _____

+ _____

Today, I am struggling with:

+ _____

+ _____

+ _____

Acts of kindness
toward myself:

+ _____

_____

_____

Acts of kindness
toward others:

+ _____

_____

_____

DATE __ / __ / __

It's a _____ *day in the neighborhood.*

Today, I am looking forward to:

+ _____

+ _____

+ _____

Today, I am struggling with:

+ _____

+ _____

+ _____

Acts of kindness
toward myself:

+ _____

_____

_____

Acts of kindness
toward others:

+ _____

_____

_____

DATE __/__/__

It's a _____ *day in the neighborhood.*

Today, I am looking forward to:

✦ _____

✦ _____

✦ _____

Today, I am struggling with:

✦ _____

✦ _____

✦ _____

Acts of kindness
toward myself:

✦ _____

_____

_____

_____

Acts of kindness
toward others:

✦ _____

_____

_____

_____

DATE __ / __ / __

It's a _____ day in the neighborhood.

Today, I am looking forward to:

✦ _____

✦ _____

✦ _____

Today, I am struggling with:

✦ _____

✦ _____

✦ _____

Acts of kindness
toward myself:

✦ _____

_____

_____

_____

Acts of kindness
toward others:

✦ _____

_____

_____

_____

DATE __ /__ /__

It's a _____ *day in the neighborhood.*

Today, I am looking forward to:

+ _____

+ _____

+ _____

Today, I am struggling with:

+ _____

+ _____

+ _____

Acts of kindness
toward myself:

+ _____

_____

_____

Acts of kindness
toward others:

+ _____

_____

_____

*How many times have you noticed that it's
the little quiet moments in the midst of life that
seem to give the rest extra-special meaning?*

It's a _____ *day in the neighborhood.*

Today, I am looking forward to:

+ _____
+ _____
+ _____

Today, I am struggling with:

+ _____
+ _____
+ _____

Acts of kindness
toward myself:

+ _____

_____

_____

Acts of kindness
toward others:

+ _____

_____

_____

It's a _____ *day in the neighborhood.*

Today, I am looking forward to:

+ _____

+ _____

+ _____

Today, I am struggling with:

+ _____

+ _____

+ _____

Acts of kindness
toward myself:

+ _____

_____

_____

_____

Acts of kindness
toward others:

+ _____

_____

_____

_____

DATE __ /__ /__

It's a _____ *day in the neighborhood.*

Today, I am looking forward to:

+ _____
+ _____
+ _____

Today, I am struggling with:

+ _____
+ _____
+ _____

Acts of kindness
toward myself:

+ _____

_____

_____

Acts of kindness
toward others:

+ _____

_____

_____

It's a _____ *day in the neighborhood.*

Today, I am looking forward to:

+ _____
+ _____
+ _____

Today, I am struggling with:

+ _____
+ _____
+ _____

Acts of kindness
toward myself:

+ _____

_____

_____

Acts of kindness
toward others:

+ _____

_____

_____

It's a _____ *day in the neighborhood.*

Today, I am looking forward to:

+ _____
+ _____
+ _____

Today, I am struggling with:

+ _____
+ _____
+ _____

Acts of kindness
toward myself:

+ _____
_____
_____
_____

Acts of kindness
toward others:

+ _____
_____
_____
_____

DATE __ /__ /__

It's a _____ *day in the neighborhood.*

Today, I am looking forward to:

+ _____
+ _____
+ _____

Today, I am struggling with:

+ _____
+ _____
+ _____

Acts of kindness
toward myself:

+ _____
  _____
  _____
  _____

Acts of kindness
toward others:

+ _____
  _____
  _____
  _____

DATE __ / __ / __

It's a _____ *day in the neighborhood.*

Today, I am looking forward to:

+ _____ _____
+ _____
+ _____

Today, I am struggling with:

+ _____
+ _____
+ _____

Acts of kindness
toward myself:

+ _____

_____

_____

Acts of kindness
toward others:

+ _____

_____

_____

DATE __/__/__

It's a _____ *day in the neighborhood.*

Today, I am looking forward to:

✦ _____
✦ _____
✦ _____

Today, I am struggling with:

✦ _____
✦ _____
✦ _____

Acts of kindness
toward myself:

✦ _____

_____

_____

_____

Acts of kindness
toward others:

✦ _____

_____

_____

_____

DATE __ /__ /__

It's a _____ *day in the neighborhood.*

Today, I am looking forward to:

+ _____ _____

+ _____

+ _____

Today, I am struggling with:

+ _____

+ _____

+ _____

Acts of kindness
toward myself:

+ _____

_____

_____

_____

Acts of kindness
toward others:

+ _____

_____

_____

_____

DATE __ / __ / __

It's a _____ *day in the neighborhood.*

Today, I am looking forward to:

+ _____
+ _____
+ _____

Today, I am struggling with:

+ _____
+ _____
+ _____

Acts of kindness
toward myself:

+ _____
_____
_____

Acts of kindness
toward others:

+ _____
_____
_____

"*To me, what makes someone successful is managing a healthy combination of wishing and doing. Wishing doesn't make anything happen, but it certainly can be the start of some important happenings.*"

DATE __/__/__

It's a _____ *day in the neighborhood.*

Today, I am looking forward to:

+ _____
+ _____
+ _____

Today, I am struggling with:

+ _____
+ _____
+ _____

Acts of kindness
toward myself:

+ _____
_____
_____

Acts of kindness
toward others:

+ _____
_____
_____

It's a _____ *day in the neighborhood.*

Today, I am looking forward to:

+ _____

+ _____

+ _____

Today, I am struggling with:

+ _____

+ _____

+ _____

Acts of kindness
toward myself:

+ _____

_____

_____

_____

Acts of kindness
toward others:

+ _____

_____

_____

_____

DATE __ /__ /__

It's a _____ *day in the neighborhood.*

Today, I am looking forward to:

✦ _____

✦ _____

✦ _____

Today, I am struggling with:

✦ _____

✦ _____

✦ _____

Acts of kindness
toward myself:

✦ _____

_____

_____

_____

Acts of kindness
toward others:

✦ _____

_____

_____

_____

DATE __ /__ /__

It's a _____ *day in the neighborhood.*

Today, I am looking forward to:

+ _____
+ _____
+ _____

Today, I am struggling with:

+ _____
+ _____
+ _____

Acts of kindness
toward myself:

+ _____

_____

_____

Acts of kindness
toward others:

+ _____

_____

_____

DATE __/__/__

It's a _____ *day in the neighborhood.*

Today, I am looking forward to:

+ _____
+ _____
+ _____

Today, I am struggling with:

+ _____
+ _____
+ _____

Acts of kindness
toward myself:

+ _____
_____
_____

Acts of kindness
toward others:

+ _____
_____
_____

DATE __ / __ / __

It's a _____ *day in the neighborhood.*

Today, I am looking forward to:

✦ _____

✦ _____

✦ _____

Today, I am struggling with:

✦ _____

✦ _____

✦ _____

Acts of kindness
toward myself:

✦ _____

_____

_____

_____

Acts of kindness
toward others:

✦ _____

_____

_____

_____

It's a _____ *day in the neighborhood.*

Today, I am looking forward to:

+ _____

+ _____

+ _____

Today, I am struggling with:

+ _____

+ _____

+ _____

Acts of kindness
toward myself:

+ _____

_____

_____

_____

Acts of kindness
toward others:

+ _____

_____

_____

_____

DATE __/__/__

It's a _____ *day in the neighborhood.*

Today, I am looking forward to:

+ _____
+ _____
+ _____

Today, I am struggling with:

+ _____
+ _____
+ _____

Acts of kindness
toward myself:

+ _____
_____
_____
_____

Acts of kindness
toward others:

+ _____
_____
_____
_____

DATE __/__/__

It's a _____ day in the neighborhood.

Today, I am looking forward to:

+ _____
+ _____
+ _____

Today, I am struggling with:

+ _____
+ _____
+ _____

Acts of kindness
toward myself:

+ _____
_____
_____
_____

Acts of kindness
toward others:

+ _____
_____
_____
_____

DATE __/__/__

It's a _____ *day in the neighborhood.*

Today, I am looking forward to:

+ _____

+ _____

+ _____

Today, I am struggling with:

+ _____

+ _____

+ _____

Acts of kindness
toward myself:

+ _____

_____

_____

_____

Acts of kindness
toward others:

+ _____

_____

_____

_____

"*I hope you'll feel good enough about yourself, your yesterdays and your today, that you'll continue to wish and dream all you can. And that you'll do all you can to help the best of your wishes come true.*"

DATE __/__/__

It's a _____ *day in the neighborhood.*

Today, I am looking forward to:

+ _____ _____
+ _____
+ _____

Today, I am struggling with:

+ _____
+ _____
+ _____

Acts of kindness
toward myself:

+ _____

_____

_____

Acts of kindness
toward others:

+ _____

_____

_____

DATE __ / __ / __

It's a _____ *day in the neighborhood.*

Today, I am looking forward to:

+ _____
+ _____
+ _____

Today, I am struggling with:

+ _____
+ _____
+ _____

Acts of kindness
toward myself:

+ _____

_____

_____

_____

Acts of kindness
toward others:

+ _____

_____

_____

_____

DATE __ /__ /__

It's a _____ *day in the neighborhood.*

Today, I am looking forward to:

+ _____
+ _____
+ _____

Today, I am struggling with:

+ _____
+ _____
+ _____

Acts of kindness
toward myself:

+ _____

_____

_____

Acts of kindness
toward others:

+ _____

_____

_____

DATE __/__/__

It's a _____ *day in the neighborhood.*

Today, I am looking forward to:

+ _____

+ _____

+ _____

Today, I am struggling with:

+ _____

+ _____

+ _____

Acts of kindness
toward myself:

+ _____

_____

_____

_____

Acts of kindness
toward others:

+ _____

_____

_____

_____

It's a _____ *day in the neighborhood.*

Today, I am looking forward to:

+ _____
+ _____
+ _____

Today, I am struggling with:

+ _____
+ _____
+ _____

Acts of kindness
toward myself:

Acts of kindness
toward others:

+ _____
_____
_____
_____

+ _____
_____
_____
_____

DATE __ /__ /__

It's a _____ *day in the neighborhood.*

Today, I am looking forward to:

✦ _____

✦ _____

✦ _____

Today, I am struggling with:

✦ _____

✦ _____

✦ _____

Acts of kindness
toward myself:

✦ _____

_____

_____

_____

Acts of kindness
toward others:

✦ _____

_____

_____

_____

It's a _____ *day in the neighborhood.*

Today, I am looking forward to:

+ _____
+ _____
+ _____

Today, I am struggling with:

+ _____
+ _____
+ _____

Acts of kindness
toward myself:

+ _____

_____

_____

_____

Acts of kindness
toward others:

+ _____

_____

_____

_____

DATE __ /__ /__

It's a _____ *day in the neighborhood.*

Today, I am looking forward to:

✦ _____

✦ _____

✦ _____

Today, I am struggling with:

✦ _____

✦ _____

✦ _____

Acts of kindness
toward myself:

✦ _____

_____

_____

_____

Acts of kindness
toward others:

✦ _____

_____

_____

_____

It's a _____ *day in the neighborhood.*

Today, I am looking forward to:

+ _____
+ _____
+ _____

Today, I am struggling with:

+ _____
+ _____
+ _____

Acts of kindness
toward myself:

+ _____

_____

_____

Acts of kindness
toward others:

+ _____

_____

_____

DATE __/__/__

It's a _____ *day in the neighborhood.*

Today, I am looking forward to:

✦ _____

✦ _____

✦ _____

Today, I am struggling with:

✦ _____

✦ _____

✦ _____

Acts of kindness
toward myself:

✦ _____

_____

_____

Acts of kindness
toward others:

✦ _____

_____

_____

*"Along with the times we're feeling good about who
we are, we can experience times when we're feeling bad
about who we are. That's just a part of being human."*

DATE __/__/__

It's a _____ *day in the neighborhood.*

Today, I am looking forward to:

+ _____
+ _____
+ _____

Today, I am struggling with:

+ _____
+ _____
+ _____

Acts of kindness
toward myself:

+ _____
  _____
  _____

Acts of kindness
toward others:

+ _____
  _____
  _____

DATE __/__/__

It's a _____ day in the neighborhood.

Today, I am looking forward to:

+ _____
+ _____
+ _____

Today, I am struggling with:

+ _____
+ _____
+ _____

Acts of kindness
toward myself:

+ _____

_____

_____

Acts of kindness
toward others:

+ _____

_____

_____

DATE __/__/__

It's a _____ *day in the neighborhood.*

Today, I am looking forward to:

+ _____
+ _____
+ _____

Today, I am struggling with:

+ _____
+ _____
+ _____

Acts of kindness
toward myself:

+ _____

_____

_____

Acts of kindness
toward others:

+ _____

_____

_____

DATE __/__/__

It's a _____ *day in the neighborhood.*

Today, I am looking forward to:

✦ _____

✦ _____

✦ _____

Today, I am struggling with:

✦ _____

✦ _____

✦ _____

Acts of kindness
toward myself:

✦ _____

_____

_____

_____

Acts of kindness
toward others:

✦ _____

_____

_____

_____

It's a _____ *day in the neighborhood.*

Today, I am looking forward to:

+ _____
+ _____
+ _____

Today, I am struggling with:

+ _____
+ _____
+ _____

Acts of kindness
toward myself:

+ _____

_____

_____

Acts of kindness
toward others:

+ _____

_____

_____

DATE __/__/__

It's a _____ *day in the neighborhood.*

Today, I am looking forward to:

+ _____
+ _____
+ _____

Today, I am struggling with:

+ _____
+ _____
+ _____

Acts of kindness
toward myself:

+ _____

_____

_____

_____

Acts of kindness
toward others:

+ _____

_____

_____

_____

DATE __/__/__

It's a _____ *day in the neighborhood.*

Today, I am looking forward to:

✦ _____

✦ _____

✦ _____

Today, I am struggling with:

✦ _____

✦ _____

✦ _____

Acts of kindness
toward myself:

✦ _____

_____

_____

_____

Acts of kindness
toward others:

✦ _____

_____

_____

_____

DATE __/__/__

It's a _____ day in the neighborhood.

Today, I am looking forward to:

✦ _____

✦ _____

✦ _____

Today, I am struggling with:

✦ _____

✦ _____

✦ _____

Acts of kindness
toward myself:

✦ _____

_____

_____

_____

Acts of kindness
toward others:

✦ _____

_____

_____

_____

DATE __/__/__

It's a _____ *day in the neighborhood.*

Today, I am looking forward to:

+ _____

+ _____

+ _____

Today, I am struggling with:

+ _____

+ _____

+ _____

Acts of kindness
toward myself:

+ _____

_____

_____

_____

Acts of kindness
toward others:

+ _____

_____

_____

_____

DATE __/__/__

It's a _____ *day in the neighborhood.*

Today, I am looking forward to:

+ _____
+ _____
+ _____

Today, I am struggling with:

+ _____
+ _____
+ _____

Acts of kindness
toward myself:

+ _____

_____

_____

_____

Acts of kindness
toward others:

+ _____

_____

_____

_____

If you could only sense how important you are to the lives of those you meet; how important you can be to the people you may never even dream of. There is something of yourself that you leave at every meeting with another person.

DATE __/__/__

It's a _____ *day in the neighborhood.*

Today, I am looking forward to:

+ _____
+ _____
+ _____

Today, I am struggling with:

+ _____
+ _____
+ _____

Acts of kindness
toward myself:

+ _____

_____

_____

_____

Acts of kindness
toward others:

+ _____

_____

_____

_____

DATE __ /__ /__

It's a _____ *day in the neighborhood.*

Today, I am looking forward to:

+ _____
+ _____
+ _____

Today, I am struggling with:

+ _____
+ _____
+ _____

Acts of kindness
toward myself:

+ _____

_____

_____

Acts of kindness
toward others:

+ _____

_____

_____

It's a _____ *day in the neighborhood.*

Today, I am looking forward to:

+ _____
+ _____
+ _____

Today, I am struggling with:

+ _____
+ _____
+ _____

Acts of kindness
toward myself:

+ _____

_____

_____

Acts of kindness
toward others:

+ _____

_____

_____

It's a _____ *day in the neighborhood.*

Today, I am looking forward to:

+ _____
+ _____
+ _____

Today, I am struggling with:

+ _____
+ _____
+ _____

Acts of kindness
toward myself:

+ _____
_____
_____
_____

Acts of kindness
toward others:

+ _____
_____
_____
_____

DATE __ /__ /__

It's a _____ *day in the neighborhood.*

Today, I am looking forward to:

+ _____
+ _____
+ _____

Today, I am struggling with:

+ _____
+ _____
+ _____

Acts of kindness
toward myself:

+ _____
  _____
  _____
  _____

Acts of kindness
toward others:

+ _____
  _____
  _____
  _____

DATE __/__/__

It's a _____ *day in the neighborhood.*

Today, I am looking forward to:

+ _____
+ _____
+ _____

Today, I am struggling with:

+ _____
+ _____
+ _____

Acts of kindness
toward myself:

+ _____

_____

_____

Acts of kindness
toward others:

+ _____

_____

_____

It's a _____ *day in the neighborhood.*

Today, I am looking forward to:

✦ _____

✦ _____

✦ _____

Today, I am struggling with:

✦ _____

✦ _____

✦ _____

Acts of kindness
toward myself:

✦ _____

_____

_____

_____

Acts of kindness
toward others:

✦ _____

_____

_____

_____

It's a _____ day in the neighborhood.

Today, I am looking forward to:

+ _____

+ _____

+ _____

Today, I am struggling with:

+ _____

+ _____

+ _____

Acts of kindness
toward myself:

+ _____

_____

_____

_____

Acts of kindness
toward others:

+ _____

_____

_____

_____

DATE __/__/__

It's a _____ *day in the neighborhood.*

Today, I am looking forward to:

+ _____
+ _____
+ _____

Today, I am struggling with:

+ _____
+ _____
+ _____

Acts of kindness
toward myself:

+ _____

_____

_____

Acts of kindness
toward others:

+ _____

_____

_____

It's a _____ day in the neighborhood.

Today, I am looking forward to:

+ _____
+ _____
+ _____

Today, I am struggling with:

+ _____
+ _____
+ _____

Acts of kindness
toward myself:

+ _____

_____

_____

_____

Acts of kindness
toward others:

+ _____

_____

_____

_____

"There are many times that I wish I had heard that 'Just who you are at this moment, with the way that you're feeling, is fine. You don't have to be anything more than who you are right now.'"

It's a _____ *day in the neighborhood.*

Today, I am looking forward to:

+ _____
+ _____
+ _____

Today, I am struggling with:

+ _____
+ _____
+ _____

Acts of kindness
toward myself:

+ _____

_____

_____

Acts of kindness
toward others:

+ _____

_____

_____

DATE __ /__ /__

It's a _____ *day in the neighborhood.*

Today, I am looking forward to:

✦ _____
✦ _____
✦ _____

Today, I am struggling with:

✦ _____
✦ _____
✦ _____

Acts of kindness
toward myself:

✦ _____

_____

_____

_____

Acts of kindness
toward others:

✦ _____

_____

_____

_____

DATE __ / __ / __

It's a _____ *day in the neighborhood.*

Today, I am looking forward to:

+ _____

+ _____

+ _____

Today, I am struggling with:

+ _____

+ _____

+ _____

Acts of kindness
toward myself:

+ _____

_____

_____

Acts of kindness
toward others:

+ _____

_____

_____

DATE __/__/__

It's a _____ *day in the neighborhood.*

Today, I am looking forward to:

✦ _____

✦ _____

✦ _____

Today, I am struggling with:

✦ _____

✦ _____

✦ _____

Acts of kindness
toward myself:

✦ _____

_____

_____

_____

Acts of kindness
toward others:

✦ _____

_____

_____

_____

It's a _____ *day in the neighborhood.*

Today, I am looking forward to:

+ _____
+ _____
+ _____

Today, I am struggling with:

+ _____
+ _____
+ _____

Acts of kindness
toward myself:

+ _____

_____

_____

Acts of kindness
toward others:

+ _____

_____

_____

It's a _____ *day in the neighborhood.*

Today, I am looking forward to:

+ _____
+ _____
+ _____

Today, I am struggling with:

+ _____
+ _____
+ _____

Acts of kindness
toward myself:

+ _____

_____

_____

Acts of kindness
toward others:

+ _____

_____

_____

DATE __ / __ / __

It's a _____ *day in the neighborhood.*

Today, I am looking forward to:

+ _____
+ _____
+ _____

Today, I am struggling with:

+ _____
+ _____
+ _____

Acts of kindness
toward myself:

+ _____
_____
_____
_____

Acts of kindness
toward others:

+ _____
_____
_____
_____

It's a _____ *day in the neighborhood.*

Today, I am looking forward to:

+ _____
+ _____
+ _____

Today, I am struggling with:

+ _____
+ _____
+ _____

Acts of kindness
toward myself:

+ _____

_____

_____

_____

Acts of kindness
toward others:

+ _____

_____

_____

_____

It's a _____ *day in the neighborhood.*

Today, I am looking forward to:

+ _____
+ _____
+ _____

Today, I am struggling with:

+ _____
+ _____
+ _____

Acts of kindness
toward myself:

+ _____

_____

_____

Acts of kindness
toward others:

+ _____

_____

_____

DATE __/__/__

It's a _____ *day in the neighborhood.*

Today, I am looking forward to:

+ _____
+ _____
+ _____

Today, I am struggling with:

+ _____
+ _____
+ _____

Acts of kindness
toward myself:

+ _____
  _____
  _____

Acts of kindness
toward others:

+ _____
  _____
  _____

If I'm sad about something, and I dismiss my sadness by saying, 'Oh, well, it was for the best,' then I'm probably not willing or able to explore how I'm feeling ... On the other hand, if we can allow ourselves to be gentle with ourselves no matter what our feelings may be, we have the chance of discovering the very deep roots of who we are.

It's a _____ *day in the neighborhood.*

Today, I am looking forward to:

+ _____
+ _____
+ _____

Today, I am struggling with:

+ _____
+ _____
+ _____

Acts of kindness
toward myself:

+ _____

_____

_____

Acts of kindness
toward others:

+ _____

_____

_____

It's a _____ *day in the neighborhood.*

Today, I am looking forward to:

+ _____
+ _____
+ _____

Today, I am struggling with:

+ _____
+ _____
+ _____

Acts of kindness
toward myself:

+ _____

_____

_____

_____

Acts of kindness
toward others:

+ _____

_____

_____

_____

DATE __/__/__

It's a _____ *day in the neighborhood.*

Today, I am looking forward to:

+ _____
+ _____
+ _____

Today, I am struggling with:

+ _____
+ _____
+ _____

Acts of kindness
toward myself:

Acts of kindness
toward others:

+ _____

+ _____

_____

_____

_____

_____

DATE __/__/__

It's a _____ day in the neighborhood.

Today, I am looking forward to:

+ _____

+ _____

+ _____

Today, I am struggling with:

+ _____

+ _____

+ _____

Acts of kindness
toward myself:

+ _____

_____

_____

Acts of kindness
toward others:

+ _____

_____

_____

It's a _____ *day in the neighborhood.*

Today, I am looking forward to:

+ _____

+ _____

+ _____

Today, I am struggling with:

+ _____

+ _____

+ _____

Acts of kindness
toward myself:

+ _____

_____

_____

Acts of kindness
toward others:

+ _____

_____

_____

DATE __/__/__

It's a _____ day in the neighborhood.

Today, I am looking forward to:

+ _____
+ _____
+ _____

Today, I am struggling with:

+ _____
+ _____
+ _____

Acts of kindness
toward myself:

+ _____

_____

_____

Acts of kindness
toward others:

+ _____

_____

_____

It's a _____ *day in the neighborhood.*

Today, I am looking forward to:

+ _____
+ _____
+ _____

Today, I am struggling with:

+ _____
+ _____
+ _____

Acts of kindness
toward myself:

+ _____
  _____
  _____

Acts of kindness
toward others:

+ _____
  _____
  _____

DATE __/__/__

It's a _____ *day in the neighborhood.*

Today, I am looking forward to:

+ _____
+ _____
+ _____

Today, I am struggling with:

+ _____
+ _____
+ _____

Acts of kindness
toward myself:

+ _____

_____

_____

_____

Acts of kindness
toward others:

+ _____

_____

_____

_____

DATE __ /__ /__

It's a _____ *day in the neighborhood.*

Today, I am looking forward to:

+ _____ _____
+ _____
+ _____

Today, I am struggling with:

+ _____
+ _____
+ _____

Acts of kindness
toward myself:

+ _____

_____

_____

Acts of kindness
toward others:

+ _____

_____

_____

It's a _____ *day in the neighborhood.*

Today, I am looking forward to:

✦ _____

✦ _____

✦ _____

Today, I am struggling with:

✦ _____

✦ _____

✦ _____

Acts of kindness
toward myself:

Acts of kindness
toward others:

✦ _____

_____

_____

_____

✦ _____

_____

_____

_____

❝All I can say is, it's worth the struggle to discover who you really are and how you, in your own way, can put life together as something that means a lot to you. It's a miracle when you finally discover whom you're best equipped to serve—and we're all equipped to serve in some way.❞

It's a _____ *day in the neighborhood.*

Today, I am looking forward to:

+ _____ ____
+ _____
+ _____

Today, I am struggling with:

+ _____
+ _____
+ _____

Acts of kindness
toward myself:

+ _____

_____

_____

Acts of kindness
toward others:

+ _____

_____

_____

DATE __/__/__

It's a _____ *day in the neighborhood.*

Today, I am looking forward to:

+ _____
+ _____
+ _____

Today, I am struggling with:

+ _____
+ _____
+ _____

Acts of kindness
toward myself:

+ _____

_____

_____

_____

Acts of kindness
toward others:

+ _____

_____

_____

_____

It's a _____ day in the neighborhood.

Today, I am looking forward to:

+ _____
+ _____
+ _____

Today, I am struggling with:

+ _____
+ _____
+ _____

Acts of kindness
toward myself:

+ _____

_____

_____

_____

Acts of kindness
toward others:

+ _____

_____

_____

_____

DATE __/__/__

It's a _____ *day in the neighborhood.*

Today, I am looking forward to:

+ _____

+ _____

+ _____

Today, I am struggling with:

+ _____

+ _____

+ _____

Acts of kindness
toward myself:

+ _____

_____

_____

_____

Acts of kindness
toward others:

+ _____

_____

_____

_____

DATE __/__/__

It's a _____ *day in the neighborhood.*

Today, I am looking forward to:

✦ _____

✦ _____

✦ _____

Today, I am struggling with:

✦ _____

✦ _____

✦ _____

Acts of kindness
toward myself:

✦ _____

_____

_____

_____

Acts of kindness
toward others:

✦ _____

_____

_____

_____

DATE __/__/__

It's a _____ *day in the neighborhood.*

Today, I am looking forward to:

+ _____
+ _____
+ _____

Today, I am struggling with:

+ _____
+ _____
+ _____

Acts of kindness
toward myself:

+ _____

_____

_____

Acts of kindness
toward others:

+ _____

_____

_____

It's a _____ *day in the neighborhood.*

Today, I am looking forward to:

+ _____
+ _____
+ _____

Today, I am struggling with:

+ _____
+ _____
+ _____

Acts of kindness
toward myself:

+ _____

_____

_____

Acts of kindness
toward others:

+ _____

_____

_____

DATE __ / __ / __

It's a _____ *day in the neighborhood.*

Today, I am looking forward to:

✦ _____

✦ _____

✦ _____

Today, I am struggling with:

✦ _____

✦ _____

✦ _____

Acts of kindness
toward myself:

✦ _____

_____

_____

_____

Acts of kindness
toward others:

✦ _____

_____

_____

_____

DATE __/__/__

It's a _____ *day in the neighborhood.*

Today, I am looking forward to:

✦ _____

✦ _____

✦ _____

Today, I am struggling with:

✦ _____

✦ _____

✦ _____

Acts of kindness
toward myself:

✦ _____

_____

_____

Acts of kindness
toward others:

✦ _____

_____

_____

DATE __ / __ / __

It's a _____ *day in the neighborhood.*

Today, I am looking forward to:

+ _____

+ _____

+ _____

Today, I am struggling with:

+ _____

+ _____

+ _____

Acts of kindness
toward myself:

+ _____

_____

_____

_____

Acts of kindness
toward others:

+ _____

_____

_____

_____

INSIGHTS

an imprint of

INSIGHT ⌬ EDITIONS

www.insighteditions.com

MISTER ROGERS'
NEIGHBORHOOD®

MANUFACTURED IN CHINA
10 9 8 7 6 5 4 3 2 1